Artwork originally created for a collaboration with SHIBUYA TSUTAYA in 2021

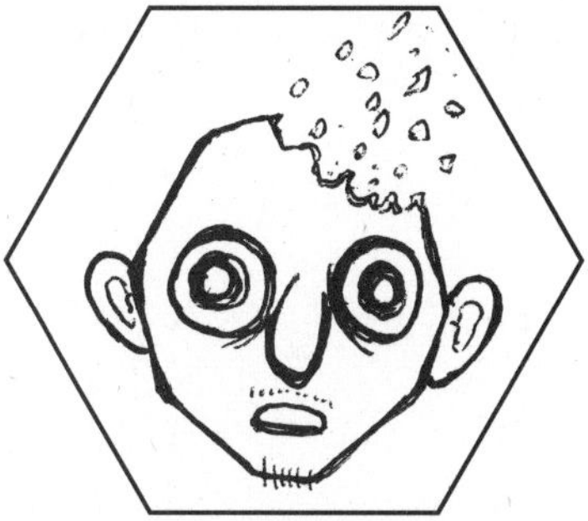

Muneyuki Kaneshiro

Als die Story-Vorlage fertig war, dachte ich mir „Yay!“, aber als ich dann den fertigen Manga-Entwurf sah, war mir mehr nach einem „Yaaaaaay!“ zumute. Das macht die Arbeit eines Manga-Autors aus.

Yusuke Nomura

Wenn ich Szenen aus der Vergangenheit oder die Gefühlswelt einer Figur zeichne, habe ich oft witzige Aha-Erlebnisse. Frei nach dem Motto: „Ach, so ein Gesicht kann ich also auch zeichnen.“

9
BLUE LOCK
TEXT: muneyuki kaneshiro
ZEICHNUNGEN: yusuke nomura

Figuren
Shoei Baro
Ein selbstgefälliger Stürmer, der als „King" bezeichnet wird.
Yoichis Team rückt in die vierte Stufe vor! Der nächste Gegner ist …
Yoichi Isagi
Der Protagonist. Entwickelt sich trotz aller Schwierigkeiten bei Blue Lock täglich weiter und arbeitet daran, seine Waffe, die räumliche Wahrnehmung, zu verbessern.
S.
Reo Mikage
Hyoma Chigiri
Rensuke Kunigami
Seishiro Nagi
Ein genialer Stürmer, der erst seit einem halben Jahr Fußball spielt.
Sie können nur einen wählen! Wer kommt in Yoichis Team?!

Die Top Drei, die Meguru gestohlen haben!
Jyubei Aryu
Ein Stürmer mit erstaunlicher Reichweite und Sprungkraft.
Meguru Bachira
Ein freigeistiger Stürmer, der mit kreativen Aktionen auftrumpft. Yoichis Partner.
Rin Itoshi
„Fußball ist ein Kampf auf Leben und Tod." Die aktuelle Nummer eins. Ein einsames Sturmgenie.
Anstoß zum Vier-gegen-vier!
Aoshi Tokimitsu
Ein supernegativer Stürmer.
Anri Teieri
Ein neues Mitglied der Japan Football Union und die einzige Frau unter den Managern.
Ego Jinpachi
Ein mysteriöser „Egoistencoach", der angeheuert wurde, um Japan zum WM-Titel zu führen.

Inhalt

ALSO, ...
... WEN NEHMEN WIR?
Kapitel 68: Versprechen
WAS DIESES TEAM BRAUCHT, IST ...
REO MIKAGE
HYOMA CHIGIRI
RENSUKE KUNIGAMI

ICH WILL NACH WIE VOR ...
... DIE NUMMER 50, RENSUKE.
SHOEI BARO
MIT SEINER STATUR KANN ER ALS ANSPIELSTATION DEN BALL HALTEN.
WENN ER DAZUKOMMT, KÖNNEN WIR UNS IN VORDERSTER LINIE BREITER AUFSTELLEN.
DUELL!
UND DADURCH ...
... KANN ICH MEHR TORE SCHIESSEN.

NA JA, …
… REO WÄRE DA BESSER.
SEISHIRO NAGI
ER WÜRDE DIE HINTERSTE LINIE AUSFÜLLEN …
… UND VOR ALLEM WÜRDE ER UNS OFFENSIV UND DEFENSIV AUSBALANCIEREN.
ER WÄRE DIE BESTE WAHL, DAMIT WIR DREI UNS FREI BEWEGEN KÖNNEN.
Neue Formation
HMPF.
TJA, WÄRE AUCH OKAY.
ODER?
JA.
ER WÜRDE UNSER TEAM ZWEIFELLOS ABRUNDEN.
ABER …

... DAS WÜRDE UNSER POTENZIAL ZUNICHTEMACHEN.
DAS WÄRE SELBSTMORD.
YOICHI ISAGI
WAS?
HÄ?
UNS ZU EINEM GUT AUS-BALANCIERTEN TEAM ZU ENTWICKELN, ...
... WÄRE AUF JEDEN FALL DER RICHTIGE WEG.
ABER DAS IST NICHT UNSERE ART.
DENKT DRAN:
DER SCHLÜSSEL ZUM BE-STEHEN DER ZWEITEN AUSWAHL ...

GENAU DIESE UNVORHERSEHBARKEIT MACHT UNSEREN FUSSBALL DOCH AUS.

ICH WILL JEMANDEN, ...
... DER UNS VERSCHLINGT.
ANSONSTEN KÖNNEN WIR ...
... GEGEN RIN, ...
... GEGEN DIE TOP DREI BESTIMMT NICHT GEWINNEN!

...
NA JA, ...
... IST EIN WAGNIS, ABER DU HAST GUTE ARGUMENTE.
DANN IST WOHL NUR EINER GEEIGNET.
STIMMT.
DER EINZIGE STÜRMER, DER SICH IM SPIEL IN UNS VERBISSEN HAT.
JA.
DERJENIGE, DER SICH IN UNSERE CHEMIE MISCHEN KANN OHNE ZU VERSCHWINDEN, ...
... BIST ALLEIN DU, ...

...
HYOMA.

KOMM.
WIR BRAUCHEN DEIN TEMPO.
TAPP
HEY, RENSUKE ...

VERGISS NICHT:
!
WIR HABEN NOCH NICHT ...
... GEGEN YOICHI GEWONNEN.
KLAMMERE DICH AN GENAU DIESE FRUSTRATION.

ICH WARTE AUF DICH, HELD.
...

REO.
TAPP
!
...
DEN LETZTEN SPIELZUG ...
... KONNTEN WIR NUR MACHEN, WEIL DU UNSER GEGNER WARST.
WIR HABEN ES RISKIERT, ...
... WEIL DU HERAUSRAGENDE FÄHIGKEITEN HAST. UND WEIL YOICHI UND ICH DARAN GEGLAUBT HABEN, ...
... DASS DU DEN PASS IN DER SITUATION GERADE SO AN DEN MANN BRINGEN KANNST. KOSTE ES, WAS ES WOLLE.

DAS WAR ECHT HAARSCHARF.
DU BIST HALT KLASSE.
DARUM GEHE ICH JETZT VOR, ABER …
… WIR WERDEN UNS IRGENDWANN …
DANN WÄHL MICH.
ICH BRAUCH KEINEN TROST.
SAG ES EINFACH.
ICH BIN DIR MITTLERWEILE EGAL, ODER?

DU HAST DICH VERÄNDERT.
IN JEMANDEN, DER SOGAR UNSER VERSPRECHEN VERGESSEN HAT, ZUSAMMEN DIE BESTEN DER WELT ZU WERDEN.
WENN DU MICH SITZEN LÄSST, ...
... DANN MACH ES ORDENTLICH, ...
... DU PENNER.

...
ALSO ...
... WÄRST DU ZUFRIEDEN, WENN ICH JETZT DICH WÄHLEN WÜRDE?
UND DANN?
WIR WÄREN EIN TEAM AUS PURER SENTIMENTALITÄT, ABER OHNE JEDES KNISTERN.
IST ES SO OBERFLÄCHLICH, DIE NUMMER EINS DER WELT ZU WERDEN?
DERJENIGE, DER UNSER VERSPRECHEN VERGESSEN HAT, ...
SPIELEN WIR FUSSBALL.
... BIST DU.
...
WEISST DU, ...
... IRGENDWIE REICHT'S MIR.

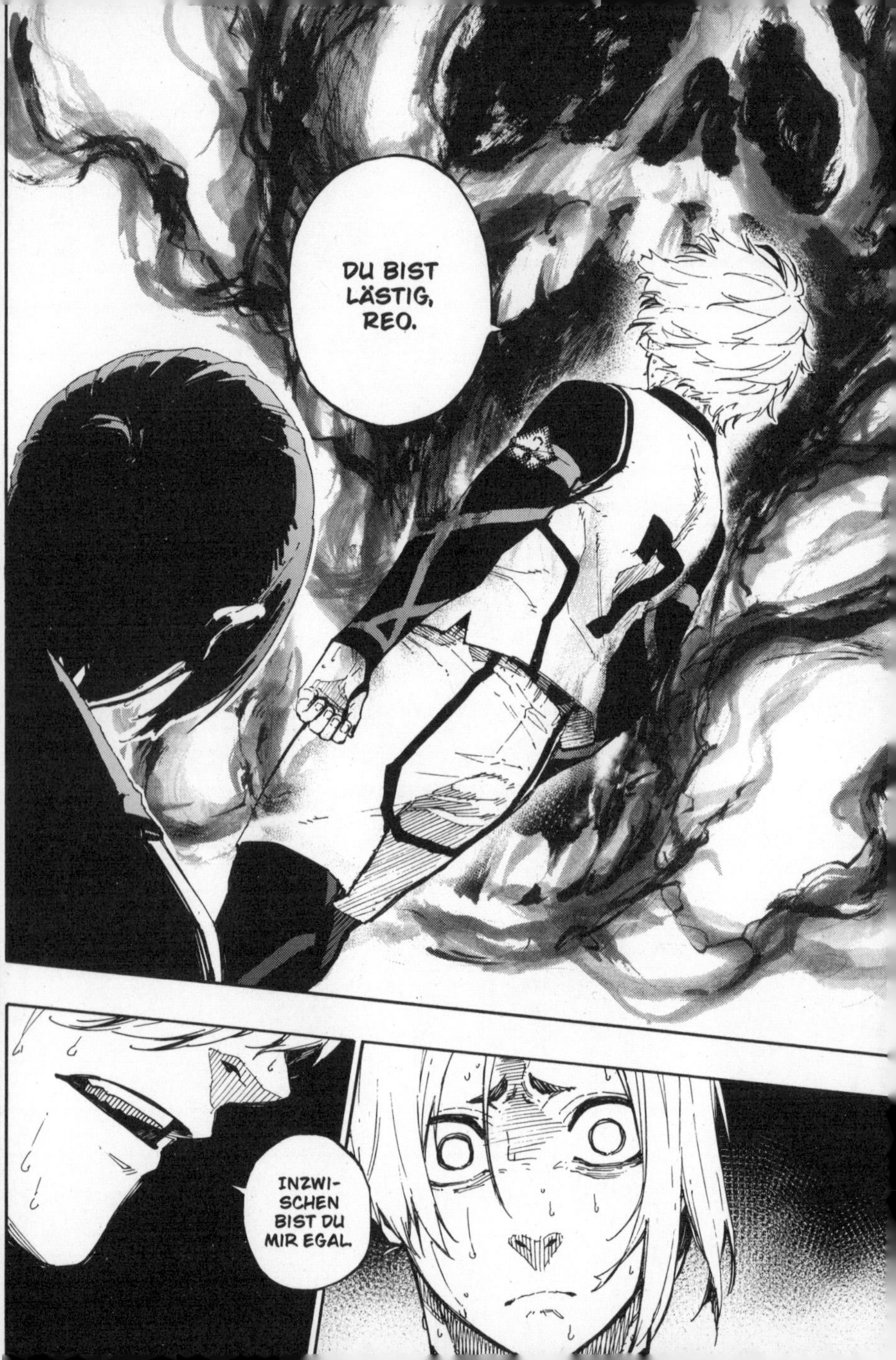
DU BIST LÄSTIG, REO.
INZWISCHEN BIST DU MIR EGAL.

...
HEY, REO.
!
SEI NICHT DERJENIGE, DER GEWÄHLT WIRD, ...
... SONDERN DERJENIGE, DER WÄHLT.
WOFÜR SPIELST DU ÜBERHAUPT FUSSBALL?

NUR DER BESTE STÜRMER DER WELT …

... KANN BEI BLUE LOCK ÜBERLEBEN.
FWUMP
UH ...
TSS ...
NICHT DEN BLICK SENKEN.
SCHAU GENAU HIN.
WENN DU JETZT WEGSIEHST, ...

RENSUKE KUNIGAMI UND REO MIKAGE GEHEN ZURÜCK IN DIE ZWEITE STUFE.

... RÜCKEN IN DIE VIERTE STUFE VOR, INS VIER-GEGEN-VIER!

LOS, NOCH MAL!
Vierte Stufe, Trainingsplatz
Kapitel 69: Chaos
SCHRRRP
DOMP
JA.
GUT SO, RIN.

MACHST DU LANGSAM ERNST?
SCHWEIG.
DAFÜR, DASS DU MICH PROVOZIERT HAST, BIST DU ZIEMLICH NACHLÄSSIG, PAGEN-SCHNITT.
ABER HAT DOCH SPASS GEMACHT, ODER?
HA …
EIN DRIBBLING, DAS SICH SO SEHR AUF DEN INSTINKT VERLÄSST, …
DOPP
DOPP
… FUNKTIONIERT GEGEN MICH NICHT.
DIE CHANCEN STEHEN IMMER NOCH FIFTY-FIFTY!
MAN WEISS ES ERST, WENN MAN ES VERSUCHT HAT!
ICH WEISS ES.
DEIN DRIBBLING SIEHT AUS, ALS HÄTTEST DU SPASS DABEI.
SST

ABER DU HAST ANGST, ALLEIN ZU KÄMPFEN.
DU SPIELST EINEN FUSSBALL, BEI DEM DU JEMANDEN SUCHST.
MIT SO EINEM NACHLÄSSIGEN EGO ...
... BRINGST DU MEIN HERZ NICHT ZUM TANZEN.

PUH.
FRSCH
Vierte Stufe, Vier-Mann-Zimmer
DA ES SCHON SPÄT IST, KONNTE ICH MICH NICHT VERGEWISSERN, ABER …
… WENN RIN UND CO NOCH IN DER VIERTEN STUFE SIND, …
… SEID IHR DOCH EINVERSTANDEN, WENN WIR ALS NÄCHSTES GEGEN SIE SPIELEN, ODER?
AKKURAT
SSST
ABWESEND
FWAAAAH
BLUE LOCK

ÄH, … … HÖRT IHR MIR ZU?
EUER TEAMMITGLIED REDET ÜBER WAS WICHTIGES.
HM?
WAS?
OJE. ZUSÄTZLICH ZU SEISHIRO UND SHOEI …
… HABEN WIR JETZT AUCH NOCH DIE EIGENWILLIGE PRINZESSIN HYOMA.
NA JA …
ZUM GLÜCK GIBT ES VIER EINZELBETTEN UND WIR MUSSTEN NICHT STREITEN.
ALSO …
DAS ZUSAMMEN-LEBEN WIRD WOHL NOCH SCHWIERIGER ALS BISHER.
HEY, IHR!
WEM GEHÖREN DIE SOCKEN UND DAS BADETUCH?
ZITTER
ZITTER
LIEGEN HIER EINFACH RUM, GETRAGEN UND KLITSCHNASS.
AH.
DIE SOCKEN GEHÖREN MIR.
LASS LIEGEN, ICH KÜMMER MICH NACH DEM FÖHNEN DRUM.
DAS BADETUCH IST MEINS. SCHMEISS ES IN DIE WASCH-MASCHINE.
MACH'S SELBST!
RÄUMT IMMER GLEICH ALLES WEG!
UN-MÖG-LICH.
LÄS-TIG.
AAAH, DAS IST ÜBEL …

DAS IST DIE NUTZLOSE ART DER CHEMISCHEN REAKTION!
WIE LANGE WILLST DU NOCH FÖHNEN?
RÄUM ERST MAL AUF, VERDAMMTE PRINZESSIN!
ÜBERWÄLTIGENDES CHAOS!
UND TROCKNE DEINE HAARE ORDENTLICH!
DU MACHST ALLES NASS!
IN DEM TON BESTIMMT NICHT.
DIE TROCKNEN DOCH AUCH SO.
OKAY, OKAY, NICHT STREITEN!
HIER MUSS ICH EINEN KÜHLEN KOPF BEWAHREN.
WOLLEN WIR NICHT ERST MAL ZUSAMMEN ESSEN GEHEN?
ICH BIN RAUS.
ICH MUSS NOCH MEIN BEIN PFLEGEN.
UND ICH GUCKE VIDEOS.
DANN NICHT!
SIE SIND SO EGOZENTRISCH!

ICH KOMME MIT.
!
UND IHR!
BIS ICH WIEDERKOMME, HABT IHR HIER AUFGERÄUMT!
OKAAAY.
JA-WOOO-OOHL.
FLAPP
FLAPP
HM?
ZU ZWEIT MIT SHOEI, WAS?
Vierte Stufe, Speisesaal

... IST ER DIE GANZE ZEIT IRGENDWIE AUFFÄLLIG STILL, ODER?!
MAMPF MAMPF
...
GUCK
DAFÜR, DASS ER MITGEKOMMEN IST, ...
STARR
?!
HÄ?!
IST ER VIELLEICHT WÜTEND?!
O... OB ES DARUM GEHT?!
„STÜMPER."
SCHLUCK
TRÄGT ER MIR NOCH NACH, WAS ICH IM LETZTEN SPIEL ZU IHM GESAGT HAB?!
STIMMT SCHON, ICH WAR BERAUSCHT.
BIN ICH DOCH ZU WEIT GEGANGEN?!
HEY, YOICHI.
ZUCK
JA?!
WIRD ER MICH UMBRINGEN?!

ALSO ...
ÄH ...
ICH WILL DICH WAS FRAGEN.
AUF DEM FELD, ...
... WAS KANNST DU DA SEHEN?
!
WELCHE ART FUSSBALL WILLST DU SPIELEN?
WAS?
SHOEI ...
DASS ER MICH SO WAS FRAGT.

ER HAT SICH IRGENDWIE … VERÄNDERT.
ÄHM …
MEINE WAFFEN SIND …
… RÄUMLICHE WAHRNEHMUNG UND VOLLEY-SCHÜSSE.
UND MIT DER BEWEGUNG ABSEITS DES BALLS POSITIONIERE ICH MICH.
HMM.
UND DAMIT KONTROLLIERST DU DERART DAS FELD?
SAG DAS DOCH EHER.
NA JA, HAB ICH JA NEULICH …
DU WOLLTEST ES NUR NICHT HÖREN.
OH, ABER …
… SELBST WENN ES DEM SIEG DIENTE, ICH WAR WÄHREND DES SPIELS ZU GROB ZU DIR.
TUT MIR LEID.
HM?
ICH HAB JA DAFÜR GESORGT, DASS DU DEN „STÜMPER" ZURÜCK-NIMMST.
ABGESEHEN DAVON HATTEST DU DOCH RECHT.
WAS?

ICH WAR UNREIF.
DAS IST ALLES.
ABER ICH BIN NICHT SO FEIGE, DASS ICH MICH NACH EINER SCHMERZLICHEN ERFAHRUNG NICHT ÄNDERN KÖNNTE.
ICH BIN GESTORBEN ...
... UND WIEDERAUF-ERSTANDEN. JETZT BIN ICH STÄRKER.
HA!
WAS ZUM TEUFEL?! ER IST SO COOL!
LOS.
VERRAT'S MIR ENDLICH.

WELCHE ART FUSSBALL WILLST DU MIT DIESEM TEAM SPIELEN?
MEN-SCHEN KÖNNEN SICH ...
... SO SEHR VERÄNDERN!
DANKE, SHOEI.
HÄ?
ICH MAG ...
... DEIN AKTUELLES ICH IRGEND-WIE!
HMPF.
TSCH OCK
ICH HASSE ES.

IM ÜBRIGEN WILL ICH DICH NUR BESSER KENNENLERNEN, ...
... UM DEIN TALENT ZU VERSCHLINGEN UND DICH VOLLSTÄNDIG ZU VERNICHTEN.
WENN DU DEM BÖSEWICHT DANKST, IST ES NUR EINE FRAGE DER ZEIT, ...
... BIS ER DICH ALS HAUPTFIGUR ABLÖST.
KLAR, VERSUCH'S NUR!
ICH ERZÄHLE DIR ALLES ÜBER MICH!
ICH WERDE MICH ...
... DOPPELT SO SCHNELL WEITERENT-WICKELN WIE DU!
HA!
LACHHAFT! ICH ENTWICKLE MICH DREIMAL SO SCHNELL!
UND ICH VERSCHLINGE NICHT NUR DICH, ...

... SONDERN AUCH DIE ANDEREN ZWEI!
OKAY.
PUUUH
SCHÄTZE, ICH RÄUME MAL AUF.
FRSCH
FRSCH
FLAPP
FLAPP
HM?
IST DAS MEIN ANZUG?
... KEINE AHNUNG.

WAS GUCKST DU DA EIGENTLICH DIE GANZE ZEIT?
FWIPP
ZUSAMMEN-SCHNITTE VON WELTKLASSE-SPIELZÜGEN.
ICH WILL BALLANNAHMEN STUDIEREN.
IST DER TYP HIER NICHT UNFASSBAR GUT?
DA WILL MAN IHN GLATT NACHAHMEN.
!
NUN, DAS …
… IST DOCH NOEL NOA.
WER IST DAS?
DER AKTUELL BESTE STÜRMER DER WELT.
ACH SO.
KEIN WUN-DER.
DER IST ECHT GUT.

PFFT
!
ERNST-HAFT?!
DU HAST ECHT GAR KEINE AHNUNG VON FUSSBALL, WAS?
UND BIST TROTZDEM SO GUT. IRGENDWIE UNFAIR.
VERNEIG
DANKE.
ÜBRIGENS, HYOMA, …
… IST DEIN BEIN VERLETZT ODER SO?
HEPP.
DU SAGTEST WAS VON PFLEGEN.
JA, …
… SCHON.
MEIN RECHTES BEIN IST EINE TICKENDE ZEITBOMBE …
… UND MEIN PARTNER.
OHA.
TUT'S WEH?
MOMENTAN IST ALLES OKAY.
ABER WÜRDE DAS KREUZBAND NOCH MAL REISSEN, WÄRE DAS ÜBEL.

ABER ICH BEREUE NICHTS.
UND MIT DIESER ENTSCHLOSSENHEIT LAUFE ICH JEDEN TAG.
OOH.
ZIEMLICH COOL.
SCHLIESS-LICH GIBT ES EINEN HAUFEN TYPEN, ...
... DIE ICH NOCH SCHLAGEN MUSS, BEVOR ICH DIE NUMMER EINS DER WELT WERDE.
GIB MAL HER.
WAS ANNAHMEN ANGEHT, GIBT ES NOCH VIELE ANDERE TOLLE SPIELER.
ROLL
ETWA BERGKAMP ODER SHINJI ONO.
ECHT?
ZEIG MAL.

ICH FRAGE MICH, WIE VIEL POTENZIAL ...
... WIR VIER IN ZUKUNFT ENTFALTEN KÖNNEN.
DER WIEDER-GEBORENE SHOEI, ...
... SEISHIRO, HYOMA ...
TOR!
... UND ICH.
WELCHE ART FUSSBALL KÖNNEN WIR SPIELEN?
ICH WILL BALD GEGEN RIN UND DIE ANDEREN ANTRETEN.
ICH HOFFE, ...
... DIE ZWEI HABEN EIN BISSCHEN AUFGERÄUMT.
VRRRN

HEPP!
TOTALES
CHAOS
HIER IST JA NOCH MEHR UNORDNUNG ALS VORHIN!
ZITTER
WAS ZUM GEIER MACHT IHR DA?!
SO!
OOH! SOGAR MIT EINEM SCHUH!
TJA …
IRGENDWIE BEKAM ICH NACH DEN GANZEN FUSSBALLVIDEOS LUST DARAUF.
RUCK
„SEISHIRO NAGIS ALLES-IST-MÖGLICH-BALL-ANNAHME-WM“.
PFF!
WARTET NUR, RIN UND MEGURU.

DAS IST DOCH MEIN SCHUH!
WIR WERDEN GEWINNEN!
WILLST DU ES AUCH VERSUCHEN, SHOEI?
HA HA!
GANZ SICHER NICHT. ♪
WIR MÜSSEN UNS …
… EINFACH NUR DIESER BEGEISTERUNG HINGEBEN!

MEGURU BACHIRA …
… LIEBTE FUSSBALL ÜBER ALLES.
Kapitel 70: Dancing Boy
OB WACH ODER SCHLAFEND, VON MORGENS BIS ABENDS …
… VERBRACHTE ER SEINE GESAMTE ZEIT MIT DEM BALL.
MEGURUUU, LASS UNS FUSSBALL SPIELEN!
WEST SIDE!
WEST SIDE
OKAY.
UND WANN IMMER ER MIT ANDEREN SPIELTE, …
IKEZAKI

… WAR MEGURU …
… NATÜRLICH STETS DER BESTE.
VOR ALLEM …
… LIEBTE ER DAS DRIBBELN.
MANCHMAL KAM ES IHM VOR, …
AH!
DA IST ES!
… ALS WÜRDE ER MIT DEM BALL VERSCHMELZEN. DIESES GEFÜHL WAR FÜR IHN DAS GRÖSSTE.
WENN DAS PASSIERTE, WAR ER IMMER …
… WAHN-SINNIG SCHNELL …
… UND STARK.

„AUF DIESER WELT …"
„… GIBT ES NICHTS SCHÖNERES."
DOPP
FWIPP
DAS GLAUBTE MEGURU.
BON! ♪

DOSCH
NOCH MAL!
NOCH MAL!
NEE.
DU BIST ZU GUT, MEGURU. DAS IST DOOF.
GEHEN WIR HEIM UND ZOCKEN WAS.
WARUM?
WARUM?
IHR MÜSST NUR EINS MIT DEM BALL WERDEN!
DANN KÖNNT IHR AUCH TOLLE SACHEN MACHEN!
ES GIBT NICHTS SCHÖNERES ALS FUSSBALL!
GRINS
...

DU BIST KOMISCH.
JA, IRGENDWIE GRUSELIG. DU HAST SO EINEN VERRÜCKTEN BLICK.
UND 'NE TOPF-FRISUR!
WEST SIDE
GEHEN WIR.
DER TRÄUMER HAT NICHTS ALS FUSSBALL IM KOPF.
VOLL DER SPINNER!
KRACK
UMPF!
UWAH, MEGURU IST DURCHGE-DREHT!
ICH BIN KEIN SPINNER!
HÄ?!
BIST DU WOHLE!
ICH BIN KEIN SPINNER!
HALT DIE KLAPPE!
GLAUBST DU, DU KANNST ALLEIN GEGEN DREI GEWINNEN?!
KRACK
WHUCK

MEGURU, ...
KLEB
... DU BIST KEIN SPINNER.
DAS IST MEINE MEINUNG.
NICHT WAHR, MAMA?
DIE ANDEREN LÜGEN.
HMM, DAS NICHT DIREKT.
SICH PRÜGELN IST FALSCH, ABER ...
... DIE ANDEREN KINDER KÖNNEN NICHT SPÜREN, WAS DU SPÜRST.
UND WAS SOLL ICH JETZT TUN?
ICH WILL DOCH NUR MIT IHNEN FUSSBALL SPIELEN.
DAS MACHT VIEL MEHR SPASS ALS VIDEOSPIELE.

HA HA!
DAS IST TOLL.
ETWAS ZU HABEN, AN DAS MAN GLAUBT, IST ETWAS WUNDERVOLLES.
ERHALTE DIR DIESEN GLAUBEN IM LEBEN.
WENN MENSCHEN ERWACHSEN WERDEN, ...
... KÖNNEN SIE NICHT MEHR GLAUBEN, OBWOHL SIE GERNE WÜRDEN.
SIE TUN SO, ALS KÖNNTEN SIE IHRE EIGENE STIMME NICHT HÖREN ...
... UND SCHON BALD HÖREN SIE SIE WIRKLICH NICHT MEHR.
DAS, WORAN DU GLAUBST, ...
... IST SO FLÜCHTIG UND KOSTBAR.

Es ist die Stimme eines Monsters, ...
... das in unseren Herzen wohnt.
Auch ich ...
... habe immer an diese Stimme geglaubt.

BRUSTA
Das Monster namens Yu Bachira
Bachira
Ausstellung: Yu Bachira
Yu Bachira
MEHR ALS DIE GEMÄLDE SEINER MUTTER …
… LIEBTE MEGURU NUR DEN FUSSBALL.
DAS IST DAS „MONSTER" IN MAMA …
WAS FÜR EIN MONSTER …
… DANN WOHL IN MIR IST?
ICH WERDE FUSSBALL SPIELEN UND AN DIESE FREUDE GLAUBEN, …
… DIE NUR ICH EMPFINDE.
LOS GEHT'S.
UND SO BEGANN MEGURU …

... MIT EINEM „MONSTER" FUSSBALL ZU SPIELEN.
NYA HA HA! ♪
KOMM DOCH, KOMM DOCH!
DER IST VERRÜCKT.
JETZT HAT ER EINEN UNSICHTBAREN FREUND.
DOCH EIN SPINNER.
GRUSELIG. ♪
INFINITY

HERGE-HÖRT!
TEAMGEIST IST WICHTIG!
WIR KÄMPFEN ALLE ZUSAMMEN FÜR DEN SIEG!
JAAA!
TRÄUM
DER HIMMEL IST SO SCHÖN BLAU ...
WIR SIND EIN TEAM!
MEGURU ...
... WURDE EIN WENIG ÄLTER.
IN SEINEM UMFELD GAB ES MEHR UND MEHR JUNGS, DIE GUT FUSSBALL SPIELTEN.
ABER ...
... ER WAR TROTZDEM NOCH DER BESTE.
PASS, MEGURU!
HIER!
NEIN, NICHT SO.
DAS MACHT KEINEN SPASS.
ICH WILL IHN DREI SCHRITTE WEITER HINTEN HINPASSEN.

DAS MONSTER ...
... WÜRDE IHN VON DORT AUF GANZ BESONDERE ART VERSENKEN!
ARGH!
ZU HOCH!
DOTZ
HEEEY, MEGURU!
SPIEL IHM DEN BALL IN DEN FUSS!

OKAAAY.
TRÄUM
DIE SONNE IST NICHT ROT, SONDERN WEISS ...
ZING
ES GIBT BESTIMMT MENSCHEN, ...
... DIE DIE GLEICHE FREUDE SPÜREN ...
... WIE ICH.
Tooooor!
Noel Noa!
SCHLIESSLICH SPIELEN DIE STÜRMER IM FERNSEHEN ...
... GENAU WIE MEIN MONSTER.
EINES TAGES ...
... WILL AUCH ICH SO EINEN FUSSBALL SPIELEN.
Präfekturturnier Chiba – Finale
Namikaze-Oberschule
Arashi-Oberschule
0 - 1
45

EINES TAGES WILL ICH JEMANDEM BEGEGNEN, ...
... DER DIESE FREUDE VON GANZEM HERZEN VERSTEHT, GENAU WIE ICH.
MEGU-RU!
NEIN ...
ZU LANGSAM!
MIT DEM TEMPO ...
... KANNST DU DAS MONSTER NICHT SCHLAGEN!
IM NU ...

... TATEN ALLE SO, ALS WÜRDEN SIE ES NICHT SEHEN ...
... UND HÖRTEN DIE STIMME DES MONSTERS NICHT MEHR.
DOMP
GUT VERTEI-DIGT!
WAS MACHST DU DENN?!
DU HÄLTST DEN BALL ZU LANGE!
SCHAU DICH GE-FÄLLIGST UM!
SPIEL NICHT SO EGOISTISCH!
NAMIKAZE
EINES TAGES ...
... HÖRTEN SIE ALLE AUF, DARAN ZU GLAUBEN.

AN DIE FREUDE ...
... AM FUSSBALL.
MEGURU GLAUBTE WEITER DARAN.
WUMP
JEDOCH ...

... BEKAM ER ...
... TATSÄCHLICH ...
... HIN UND WIEDER ANGST.
OHNE DIE SINNLOSEN DRIBBLINGS UND PÄSSE ...
... KÖNNTEST DU VERSUCHEN, PROFI ZU WERDEN. SCHADE DRUM.
DU HÄTTEST PASSEN SOLLEN!
ACHTE MEHR AUF UNS!
WAS, WENN ES SO WEITERGING ...
... UND KEINER IHN VERSTAND?
WAS, WENN ER ...
BIN ICH ...
... EIN SPINNER?
... WEITERHIN GANZ ALLEIN FUSSBALL SPIELEN MUSSTE?

BEI DEM GEDANKEN DARAN ...

... FÜHLTE MEGURU SICH SO EINSAM, DASS ER AM LIEBSTEN GESTORBEN WÄRE.
HALLO, MEGURU.
...
WAS IST LOS? SCHLECHT GELAUNT?
ALLES OKAY, MAMA.
BIN NUR EIN WENIG MÜDE.
DA IST EIN BRIEF FÜR DICH GEKOMMEN.
VOM JAPANISCHEN FUSSBALLVER-BAND.
WAS?

IM GLAUBEN AN DAS MONSTER IN SEINEM HERZEN.

EIN IMAGINÄRER FREUND?
Kapitel 71: Freund
GENAU!
ICH BIN SICHER, DASS DIESES MONSTER …
… EIN FREUND IST, DEN NUR DU SEHEN KANNST.
BIN ICH …
… EIN SPINNER?
NEIN, BIST DU NICHT.
DAS MONSTER EXISTIERT DOCH, UM DEN FUSSBALL MIT DIR ZU SPIELEN, DEN DU SPIELEN WILLST, ODER?
JA.
ABER WEISST DU, MAMA, …

... ICH WÜNSCHE MIR EINEN ECHTEN FREUND, ...
... MIT DEM ICH SPASSIGEN FUSSBALL SPIELEN KANN.
TJA, ICH HOFFE, ...
... DASS DU DEN EINES TAGES FINDEST!
JA.
ICH GLAUBE DARAN!
UND BIS DAHIN ...
... IST DAS MONSTER AN MEINER SEITE.
AH!
NOEL NOA!
TAPP TAPP
RONAL-DO!
MESSI!

DAPP
ZICO?!
HEY!
ZICO!
PASS!
AUF UND DAVON!
HEY!
PASS DEN BALL!
ZICO!
DOTZ
DIREKT NACH SEINER ANKUNFT BEI BLUE LOCK …
!
… SCHLIEF MEGURU EIN UND ALS ER AUFWACHTE, …

... WAR ES ZEIT „FANGEN“ ZU SPIELEN.
DER ÜBERLEBENSKAMPF VON BLUE LOCK HATTE BEGONNEN.
Blue Lock Einführungstest „Fangen spielen“
Wer nach Ablauf der Zeit Oni ist, ...
... kann sich vom Acker machen.
Handspiel ist natürlich verboten.
BZZ
MANN, WAR ICH MÜDE.
ICH WAR GESTERN SO AUFGEREGT, DASS ICH NICHT SCHLAFEN KONNTE.
ABER ICH BIN IMMER NOCH MÜDE ...
ZZZ
?!
ROLL

HA HA, DER DA!
SCHLÄFT DER ETWA NOCH?! LEICHTE BEUTE!
IN JENEM MOMENT ...
... WAR MEGURU WAHNSINNIG AUFGEREGT.
FWOCK
?!
AUTSCH ... HEY!
FOUL!
DAS IST EIN FOUL!
MMH ...
NUR HANDSPIEL IST VERBOTEN, NICHT?
GUTEN MORGEN.
DENN BEI BLUE LOCK GAB ES SICHER ...

... JUNGS MIT DEN VERSCHIEDENSTEN FUSSBALLSTILEN.
HEY.
ICH HASSE SCHMUTZIGE TRICKS.
SPIEL FAIR UND ANSTÄNDIG.
UND ER GLAUBTE FEST, ...
WER BIST DU? DIE GÖTTIN JUSTITIA, ODER WAS?
... DASS DARUNTER JEMAND WAR, ...
... DER SEINEM MONSTER EBENBÜRTIG SEIN WÜRDE.
BESSER GESAGT, ...
... WENN ER DARAN DACHTE, WIE EINSAM ER BISHER GEWESEN WAR, ...
NYA HA HA! ♪
DAS IST DEINE CHANCE! ♡
HEY!
ICH HAB DOCH GESAGT, ...

... DU SOLLST ANSTÄNDIG SPIELEN!
SWUSCH
... WAR DIESER ORT, AN DEM ALLE ERNSTHAFT GEGENEINANDER FUSSBALL SPIELTEN, ...
OUI?!
WOMM
UNGH ?!
... DAS PARADIES.
AH ... MIST.
POCH
HALT. AUSZEIT.
!
LOS, YOICHI!
SCHIESS IHN AB! JETZT!
DOCH ... EINE SACHE ...
... MACHTE MEGURU ANGST.

WAS, WENN ES SELBST HIER …
… NIEMANDEN GAB, DER AN DAS MONSTER HERANREICHTE?
DAS IST FALSCH.
ICH BIN GEKOMMEN, UM MEIN LEBEN ZU ÄNDERN.
ICH BIN HIER, UM DER WELTBESTE …
… ZU WERDEN.
WAS, WENN ES SELBST HIER …

... NIEMANDEN GAB, DER IHN VERSTAND?
DU GEFÄLLST MIR.
DANN WÜRDE ER ...
DU HAST RECHT. ♪
... ZU JENEN TAGEN ZURÜCKKEHREN, AN DENEN ER SICH SO EINSAM FÜHLTE, ...
... DASS ER AM LIEBSTEN GESTORBEN WÄRE.
?!
WENN MAN SCHON JE-MANDEN ZER-QUETSCHT, ...
DAPP

... DANN DEN STÄRKSTEN. ♪
DAS IST DIE EINE SACHE, DIE ICH NICHT WILL!
DOMM
ICH WILL ...
... NICHT MEHR ALLEIN SEIN.
PLOPP
DARUM HAB ICH EIN WENIG ANGST ...
DOSCH
... UND WÄRE SEHR TRAURIG, WENN ES NIEMANDEN GÄBE, ...
SWUSCH
?!

DOTN
... ABER ...
... ICH GLAUBE DARAN.
OKAY.
DA IST ES.
ICH HABE ES ...
... SO LANGE HERBEI-GESEHNT.
SO LANGE SCHON WILL ICH IHN TREFFEN UND SUCHE NACH IHM ...

WENN ES HIER EIN MONSTER, EINEN FREUND GIBT, DANN ...

DEN …
… STÄRKSTEN.
… IST ES BESTIMMT ER.

MEGURU HATTE DAS GEFÜHL, DASS IHM JEMAND ZUFLÜSTERTE:
„PASS ZU IHM."
„ER IST EIN MONSTER."
UND DARUM ...
... GLAUBT MEGURU BACHIRA ...
... AN YOICHI ISAGI.

SEITDEM HABE ICH ...
... STETS GEGLAUBT, DASS YOICHI DERJENIGE IST, ...
Vierte Stufe, Trainingsplat
... DER MICH AM BESTEN VERSTEHT ...
... UND DER DIE GLEICHE FREUDE WIE ICH SPÜREN KANN.
NATÜRLICH ...
... HAT SICH DAS NICHT GEÄNDERT.
ABER ...
„DU HAST ANGST, ...“
„... ALLEIN ZU KÄMPFEN.“
„DU SPIELST EINEN FUSSBALL, BEI DEM DU JEMANDEN SUCHST.“
HEY, ...
... RIN.
WAS?

HAST DU AUCH …
… EIN MONSTER IN DIR?
HÄ?
WAS LABERST DU, PAGEN-SCHNITT?
HM, IST NICHT SO, DASS ES WIRKLICH EXISTIEREN WÜRDE.
ES IST MEHR EINE VISION DES FUSSBALLS, DEN MAN SPIELEN WILL.
ICH GLAUBE, DASS ALLE TOLLEN SPIELER EINS IN SICH TRAGEN.
…
WAS WEISS ICH.
DEINE AKTIONEN SIND BESTIMMT ÄNGSTLICH UND NACHLÄSSIG, …
… WEIL DU VON SO WAS KINDISCHEM BEHERRSCHT WIRST.

SPIEL RUHIG DEIN LEBEN LANG MIT DIESEM MONSTER FUSSBALL.
ICH WERDE DERWEIL DIE NUMMER EINS DER WELT.
MEGURU ...
... DACHTE SICH:
VIELLEICHT ...
... HÄLT RIN SICH EIN MONSTER, DAS ICH NOCH NICHT VERSTEHE.
EINS, DAS ANDERS ALS YOICHI IST.
TAPP

peise-
saal
HI, MEGURU.
ICH HAB DICH GESUCHT.

WIE VER-
SPROCHEN
...
... BIN ICH
GEKOMMEN, UM
DICH ZURÜCKZU-
HOLEN.
YOICHI ...
UND NUN WIRD
MEGURU KÄMPFEN, UM SICH
ZU VERGEWISSERN:

MATCH BESTÄTIGT!

DIE PAARUNG STEHT FEST, ODER?
JEPP.
KNACK
WIR ...
... MACHEN SIE FERTIG.
Rivalenkampf, vier-gegen-vier
20 Stunden bis zum Anpfiff
Kapitel 72: Match up!
VERMUT-LICH ...
Bachira
Tokimitsu
Aryu
Itoshi
... WIRD DER GEGNER MIT DIESER FORMATION SPIELEN.

BLUE LOCK
ICH ÜBERNEHME RIN IM ZENTRUM!
UIEK UIEK
RECHTS HYOMA, DER SEIN TEMPO EINBRINGT, ...
... LINKS SEISHIRO ...
... UND HIER SHOEI, DER UNS DREI VOR IHM NACH BELIEBEN VERSCHLINGEN KANN.
Bachira
Tokimitsu
Aryu
Itoshi
Nagi
Chigiri
Isagi
Baro
MIT DIESER FORMATION TRETEN WIR AN!
KLINGT GUT.
MEIN GEGENSPIELER WIRD ALSO DIESER PAGENSCHNITT SEIN.
KNACK
KNACK
UND MEINER ...
... DIESER JYUBEI ARYU.

Zeit bis zum Anpfiff: 09:59:59

GN
N
MEGURU!
TAPP
TAPP
D… DURCH DICH SIEHT UNSER TEAM ORGANISIERT AUS.
DANKE.
UND … Ä… ÄHM …
KÖNNTEST DU, WENN MÖGLICH, …
… AUCH ZU MIR PASSEN?
HA HA.
OH! HALTE MICH BITTE NICHT FÜR UNVER-SCHÄMT!
SORRY! VERGISS ES EINFACH!
FUNKEL
SPIELT DEN BALL ZU MIR.
ICH WERDE IHN …
… STILVOLL VERSENKEN UND UNS ZUM SIEG FÜHREN.

ALLES KLAR. ♪
HEY.
BEENDEN WIR DAS ENDLICH UND GEHEN WEITER.
WIR MACHEN KURZEN PROZESS.
JAJA. ♪
TEAM ROT
Rin Itoshi x Jyubei Aryu
Aoshi Tokimitsu x Meguru Bachira
VS.

TEAM WEISS
Team Rot
Team Weiß
0 - 0
Vierte Stufe, Spielfeld
SHOEI BARO
SEISHIRO NAGI
YOICHI ISAGI
HYOMA CHIGIRI

ALSO DANN, LOS GEHT'S! ♪
SCHAUDER
...
!
TAPP
JYUBEI?
TAPP
TAPP
WAS ZUM?
ER KOMMT RÜBER.
?!
HEY, DU, ROTSCHOPF.
JA?

DUELL!
WELCHE HAARPFLEGE BENUTZT DU?
HYOMA CHIGIRI VS. JYUBEI ARYU
HÄ?
WAS IST DENN MIT DEM?
DIE, DIE ES IM BADEHAUS GIBT UND DIE ALLE BENUTZEN.
DAFÜR HAST DU ABER EINE EXTREM STYLISCHE HAARTEXTUR.
WAS BEDEUTET, DASS DIES DER NATÜRLICHE GLANZ DEINER HAARE IST.
EINE ANGEBORENE ELEGANZ ALSO?
DREH DREH
WAS REDET DER DA?!
HÖR MAL ...

JYUBEI ARYU.
DAS IST ALSO MEIN GEGEN-SPIELER.
ER IST RIESIG ...
ES IST MIR EINE EHRE, GEGEN JEMAND SO STILVOLLEN WIE DICH AN-ZUTRETEN.
HAND DRAUF.
AUF EIN GUTES SPIEL, HYOMA CHIGIRI.
FASS MEINE HAARE NICHT AN!
KLATSCH
KOMI-SCHER KERL!
OH, TUT MIR LEID.
SIE SIND EINFACH SO SCHÖN ...
ICH HAB EINE SCHWÄCHE FÜR STYLE.
IN ANBETRACHT DEINES MODERNEN STYLES HAST DU EINEN ÜBERRASCHEND ALTMODISCHEN NAMEN.
AUF EIN GUTES SPIEL, JYUBEI.

* DIE SOG. ZEIT DER STREITENDEN REICHE; 1467 - 1615

FUNKEL
FUNKEL
HEY, YOICHI!
WAS STIMMT NICHT MIT DEM?!
DER HAT EIN RAD AB!
IRGENDWIE IST ER NOCH SCHLIMMER ALS ZUVOR!
ZURÜCK!
AAH, JYUBEI!
STOPP! STOPP!
GLITZER
DU VERBRAUCHST VOR DEM ANPFIFF JA NOCH DEINE GANZE KRAFT!
ZWECK-LOS …
ICH SPÜRE NOCH IMMER EIN NACHBILD MEINER FASSUNGSLOSIGKEIT AUF MEINEM GESICHT.
WIE BESCHÄ-MEND!
SCHON OKAY! DU BIST DOCH STILVOLL GENUG!
ÄH … SIND DIE WIRKLICH STARK?
JA.
WAS FUSSBALL ANGEHT, SCHON.
HEY, HALTET ALLE MAL DIE KLAPPE!

STELLT EUCH ENDLICH AUF.
GRR
LEGEN WIR LOS.
AAAH!
TUT MIR LEID!
Ä... ÄHM ...
GLITZERFWUMP
EH HE HE.
ICH FRAGE NUR UNGERN, ...
... ABER KÖNNTEN WIR DAS SPIEL NICHT VERSCHIEBEN?
HÄ?
DU SIEHST JA, WIE JYUBEI DRAUF IST.
WÄRE ES NICHT BESSER, WENN WIR UNS IN TOPFORM GEGENÜBERSTEHEN WÜRDEN?
AM ARSCH.
AUFSTELLEN.
ICH MACH EUCH KALT.
IEEEK!

NEGATIV NEGATIV
AAAH! ES IST AUS. WIR WERDEN VERLIEREN.
NEGATIV NEGATIV
?!
DIE WELT RICHTET SICH DOCH EH IMMER NACH DER MEINUNG EINSCHÜCHTERNDER MENSCHEN.
UND RÜCKGRATLOSE LEUTE WIE ICH WERDEN BLOSS RUMKOMMANDIERT.
SO LÄUFT ES IMMER.
ICH BIN EBEN ZU NICHTS ZU GEBRAUCHEN.
SELBSTBEWUSSTE MENSCHEN GEWINNEN EINFACH STÄNDIG UND HABEN SPASS IM LEBEN, RICHTIG?!
UNSEREN SCHMERZ KENNEN SIE NICHT!
SIE ERLEIDEN NIE RÜCKSCHLÄGE UND FAHREN SORGLOS SIEG UM SIEG EIN!
PRICK
HEY, YOICHI.
WIR ÄNDERN DIE FORMATION.
!

ICH WERDE DERJENIGE SEIN, DER DIESEN NEGATIVEN SCHEISSKERL PLATTMACHT!
SHOEI BARO
VS.
!
AOSHI TOKIMITSU
DUELL!
WER KENNT HIER KEINE RÜCKSCHLÄGE ?!
HÄ?!
AAAH! ICH HAB AAANGST!
!
GNN
DIESER TYP ...

HAT DIESE LUSCHE ÜBERMENSCHLICHE KRÄFTE, ODER WAS?
ICH KANN IHN KEINEN MILLIMETER BEWEGEN!
ZERR
ZITTER
ZITTER
ZITTER
NA GUT.
WÄRE ES DANN FÜR DICH OKAY, MIT SHOEI ZU TAUSCHEN, …
… SEISHIRO?
…
HM …
„DU HAST DICH VERÄNDERT.“
„IN JEMANDEN, DER SOGAR UNSER VERSPRECHEN VERGESSEN HAT, ZUSAMMEN DIE BESTEN DER WELT ZU WERDEN.“
SORRY, YOICHI.
DARF ICH AUCH EIGENSINNIG SEIN?
WAS?
WENN ICH KEINEN GEGNER WÄHLE, DER MICH BEGEISTERT, …
… WAR ES SINNLOS, MICH VON REO ZU TRENNEN.

DERJENIGE, DER ALLE AUF DEM FELD VERSCHLINGEN WIRD, BIN ICH.

YOICHI ISAGI
DAS HEISST DANN, ...
Formationsänderung!
Bachira
Tokimitsu
Aryu
Itoshi
Baro
Chigiri
Nagi
Isagi
DUELL!
... DU GEGEN MICH, MEGURU!
VS.
MEGURU BACHIRA
Zeit bis zum Anpfiff:
PIEP
00:00:00

Zweite Auswahl, Rivalen-kampf, Vier-gegen-vier
Team Rot
Team Weiß
0 - 0

ENDLICH …
… IST DIE ZEIT GEKOMMEN.
SETZE ALLES AUFS SPIEL.
Entscheidungsspiel!
WIRF LEIB UND SEELE IN DIE WAAGSCHALE!

ANSTOSS!
ICH WERDE ...
... DER SIEGER SEIN!

Kapitel 73: Superverbund
Zweite Auswahl, Rivalen-Kampf
Vier-gegen-vier, Entscheidungsspiel
ANSTOSS!
MEGURU BACHIRA
VS.
YOICHI ISAGI
ALSO DANN. ♪
LOS GEHT'S, YOICHI!
ICH STARTE GLEICH ...

... MIT ÜBERSTEIGERN MIT MAXIMALEM TEMPO!
WAPP WAPP WAPP
WAPP WAPP WAPP
RUCK
VERSUCH, IHN MIR ABZUNEHMEN. ♪
EINE TIEFE KÖRPERTÄUSCHUNG ...
GNN

... UND DANN EINE SCHARFE WENDE!
SCHRRRT
?!
OH?
ER BLEIBT DRAN?! ECHT?!
RUCK
DEN ALTEN YOICHI HÄTTE ICH DAMIT AUSGESPIELT.
WAS IST LOS?
HAT ER DAS VO-RAUSGE-SEHEN?!
GUCK
FWIPP
!
YOICHI ...

Rot
0-0
ER ÜBERBLICKT DAS GESAMTE SPIELFELD ...
... UND POSITIONIERT SICH ENT-SPRECHEND!
ER IST NICHT BLOSS IM EINS-GEGEN-EINS MIT MIR.
ER IST SICH BEWUSST, AUF WELCHER SEITE ICH NICHT DURCHBRECHEN DARF.
LINKS HINTER IHM IST SEISHIRO. SELBST WENN YOICHI ETWAS ZU SPÄT IN DEN ZWEIKAMPF KOMMT, KÖNNEN SIE DAS ALSO NOCH AUSBÜGELN.
WENN ICH ABER RECHTS VORBEIGEHE, IST DORT NIEMAND UND ICH STEHE FREI VORM TOR.
ER BEGREIFT, DASS DAS IM DUELL MIT MIR DAS WICHTIGSTE IST.
Warnung!

SEINE FÄHIGKEIT, DIE SITUATION BLITZSCHNELL EINZUSCHÄTZEN, IST AUF EINEM GANZ ANDEREN LEVEL ALS BISHER!
WAS IST LOS, MEGURU?
GEH DOCH AN MIR VORBEI.
DIE ART, WIE DU DEINE AUGEN BENUTZT, ...
... HAT SICH WEITERENTWICKELT, WAS? ♪
WENN DAS SO IST, ...
SS
... GREIFE ICH GANZ BEWUSST IN RICHTUNG SEISHIRO AN!
!
DACHTE ICH MIR.

GIB HER, TOPFFRISUR.
WAS?
SHOEI?!
HAT ER MEINE BEWEGUNGEN GELESEN ...
... UND WILL MICH JETZT ...
... MIT YOICHI IN DIE ZANGE NEHMEN?!
DAS WIRD ENG.
OH NEIN!
PASS IHN ERST MAL ZURÜCK, MEGURU!

HIER!
GEGEN SHOEI KOMMST DU REIN PHYSISCH NICHT AN!
HNGH ...
HILFT JA NIX!
NEUAUFBA...
?!
AH!
WAPP
YOICHI?!
DANKE SEHR.
AAACH, SCHEISSE!

HÄ? WAS IST MIT DEN BEIDEN?!
AUS DEM WEG!
HEISST DAS, SIE HABEN SICH GAR NICHT ABGESPROCHEN?!
SIE ARBEITEN ZUSAMMEN, INDEM SIE EINANDER AUSNÜTZEN ...
... UND VERSCHLINGEN SICH GEGENSEITIG, UM SELBST IN BALLBESITZ ZU KOMMEN?!

SIE SIND EINE ANTI-KOMBO!
SCHAU
DAS ERAHNT MAN DOCH NIE.
DER
?!
FWO SCH
EINEN WEICHEN PASS, BITTE.
ICH WEISS. DORTHIN, ODER?
FWO CK

SCHWEB
SCHÖNER BALL!
SSST
SEISHIRO NAGI
VS.
RIN ITOSHI
!
OH, ER IST VOR MEINEN BALLANNAHMEN AUF DER HUT …
… UND STÜRMT NICHT AUF MICH ZU.
IN DIESER DISTANZ BLEIBT ER ALSO.
DER TYP IST SCHWIERIG ZU KNACKEN.

SELBST WENN ICH DEN BALL NACH VORN BEFÖRDERE, OHNE SEIN MOMENTUM ABZUWÜRGEN, ...
LOS!
... KANN ICH RIN AUF DIESE ENTFERNUNG NICHT MIT EINER BERÜHRUNG HINTER MIR LASSEN.
UND WENN ICH ANHALTE, ...
STOPP!
... KANN ER MIR MIT EINEM SCHRITT AUF DIE PELLE RÜCKEN. DER PERFEKTE ABSTAND.
INDEM DU MICH IN UNSEREM LETZTEN MATCH NUR EINMAL GESEHEN HAST, ...
... KANNST DU MICH DERART LESEN, RIN ITOSHI?!
DAS NENNE ICH MAL EIN GENIE.
ALSO, ...
... WAS SOLL ICH ...
... JETZT TUN?

DOMP
SPÜRST DU ES?
?!
... ROTER PANTHER.
DAS IST DER EINZIGE WEG, ...

HYOMA CHIGIRI
IMMER HER DAMIT!
ICH BRECHE DURCH!
VS.
JYUBEI ARYU
WAS FÜR EIN STILVOLLER PASS.
TAPP
DIE DISTANZ ZU JYUBEI UND RIN, ...
... SOWIE MEIN VOLLES TEMPO ...

DER AUGEN-BLICK ...
... JUST BEVOR SICH ALLES KREUZT!
DIESE KOORDINA-TEN SIND JETZT, ...
... IN DIESEM MOMENT, ...

... MEIN EINZIGER ...
... DURCH-BRUCH-PUNKT!
WOW.
WAS GEHT MIT DENEN AB?

FWOSCH
DIE BALL-
EROBERUNG,
...
... RESULTIEREND AUS YOICHIS UND SHOEIS ANTI-KOMBO.
UND DIREKT IM ANSCHLUSS YOICHI UND SEISHIRO, DIE BEIDE AUGENBLICKLICH DIE GLEICHE IDEE HATTEN!
DANN SEISHIRO,
...
... DER AUS DER BALLANNAHME HERAUS EINEN PASS IN DEN FREIEN RAUM SPIELT.

UND ZU GUTER LETZT HYOMAS SCHNELLE BEINE, ...
... DIE DEM RUF SEINER MITSPIELER FOLGEN!
DAS IST IHRE WEITER-ENTWICK-LUNG, UM UNS ZU SCHLAGEN:
EIN SUPER-VERBUND ...
... AUS CHEMISCHEN REAKTIONEN.

Yoichi
X
Seishiro
X
Shoei
X
Hyoma

JAWOLL!
TOR!
Dieses Team hat alles!
TSS.

Team Rot
Team Weiß
0 - 1
GNN
DARAUF HABE ICH GEWARTET, EGOIST YOICHI ISAGI.
MEIN MONSTER ...
... FROHLOCKT GERADE. ♪

JAAA!
KLATSCH
NICE, PRINZESSIN.
Team Rot 0 - Team Weiß 1
INDEM WIR NACHEINANDER CHEMISCHE REAKTIONEN AUSGELÖST HABEN, ...
... KONNTEN WIR DIESEN SUPERVERBUNDANGRIFF FAHREN!
Kapitel 74: Monster
DAS IST UNSER FUSSBALL!
HMPF! DER NÄCHSTE IST MENER!
NOCH EINS!
DAS WAR EASY.

MEHR ALS 35 METER BIS ZUM TORRAUM.
AUF DIE ENTFERNUNG KANN SELBST RIN IHN NICHT DIREKT REINSCHIESSEN.
HFF
NA JA, ...
... ABER ...
... DIE TOP DREI SIND DAMIT ...
IRGENDWIE SIND DIE ...
... STÄRKER ALS ZUVOR, ODER?
... AUF KEINEN FALL AUS DEM SPIEL.
TAPP
DAS BRINGT MEIN BLUT STILVOLL IN WALLUNG.
WIR GREIFEN WEITER AN.
GEBEN IHNEN KEINE ZEIT ZUM LUFTHOLEN!

WIR SIND SCHLIESSLICH DIE HERAUS-FORDERER!
DAPP
TMP
KOMM DOCH, YOICHI.
ES WIRD NICHT WIE EBEN LAUFEN. ♪
MEGURU BACHIRA VS. YOICHI ISAGI
ANSTOSS!

SCHRRRP
GUCK
OBWOHL ER GLEICHZEITIG SHOEI IM AUGE BEHÄLT, ...
... IST SEIN DRIBBLING FLIESSEND!
ES IST PRAKTISCH UNMÖGLICH, IHM IN DER BEWEGUNG DEN BALL ABZUNEHMEN.
!
JYUBEI ...
... KOMMT ÜBER DEN FLÜGEL?!

Rot
0-
NEIN, ...
... DAS IST OKAY!
SEISHIRO STEHT JA HINTEN DRIN.
UND HYOMA LÄUFT MIT JYUBEI MIT.
DAS SCHLIMMSTE WÄRE, WENN ER AN MIR VORBEIKÄME!
ALLES ANDERE IST KEIN PROBLEM!
TOPFFRI-SUUUR!
RUCK
!
ER HAT ANGEHAL-TEN!
SCHÖN, SHOEI!
SO KANN ICH IHM DEN BALL ...

DOMM
* PASS, BEI DEM DER SPIELER SEINE MITSPIELER NICHT DIREKT ANSCHAUT. SO KANN AUCH DER VERTEIDIGER NICHT VORHERSEHEN, WOHIN DER BALL GESPIELT WIRD.
EIN NO-LOOK-PASS*?!
?!
WAS?!
BÄH. ♪

JYU-BEI!
LAUF!
SETZ DICH VOR IHN UND HOL IHN DIR, PRINZES-SIN!
SWU
PP
!
HEY!
DEN BALL AUS DER LUFT ZU HOLEN, IST UNFAIR.
EINE SOLCHE REICHWEITE SOLLTE VERBOTEN SEIN!
LACH-HAFT.

DER LUFTRAUM IST MEIN TERRITORIUM.
UND BEVOR DU MICH EINHOLST, ...
... MUSS ICH IHN BLOSS PASSEN.
DOSCH
E...
ER KOMMT!
D... D... D...
DAS IST MEINER!

BAMM
?!
DER IST MIR, DU MUSKELPROTZ!
DOTZ
IEEK?!
DER GRUSELIGE GORILLA!
WER IST HIER EIN GORIL-LA?!
?!
NEE-EIN!
ER HAT EINE UN-FASSBARE RUMPF-STÄRKE!
PRICK
ICH ... KANN MICH NICHT GEGEN IHN DURCHSETZEN ?!

HIER!
DOMP
EIN ONE-TOUCH-PASS?!
ZU WEM?
?!
MIST!
RIN ITOSHI
WIR SIND INNERHALB VON RINS SCHUSS-REICHWEITE!

VS.
SEISHIRO NAGI
NEIN.
ICH BIN DA.
ICH LASS IHN NICHT SCHIESSEN.
SEISHIRO!
!
SCHRRP
DU WILLST ALSO MIT GEWALT SCHIESSEN?
SEISHIRO HAT RINS SPIEL PERFEKT GELESEN!
ER HAT SO GUT WIE KEINE SCHUSSBAHN.

NEIN!
GENAU DARUM WIRD ER DURCH-BRECHEN!
MIT EINER SCHUSS-TÄUSCHUNG!
RUCK
ER IST GUT.
ER HAT SEISHIRO GLAUBEN LASSEN, ER HÄTTE IHN DURCH-SCHAUT ...
... UND IHN SO ZUR GRÄTSCHE VERLEITET!
RIN IST EINFACH EINE LIGA BESSER!
ABER ER HAT ZEIT VERLOREN.

DADURCH …
… HOLE ICH IHN EIN!
SCHRRT
GUT AB-GESICHERT, YOICHI!
NEHMEN WIR IHN IN DIE ZANGE!
FWOSCH
HYOMA!
SST
SUPER! JETZT IST ES EIN ZWEI-GEGEN-EINS.
MEGURU?!
SHIT!

ZWEI GEGEN ZWEI!
PASST ER ...
... ODER DRIBBELT ER?!
FWOSCH
?!
ER WILL ZWISCHEN UNS DURCH-SCHIES-SEN?!
GIERIGER MISTKERL!
NEIN, FALSCH!

SELBST OHNE CHEMISCHE REAKTIONEN ...

... IST RIN EIN MONSTER AUS EINER ANDEREN DIMENSION, ...
... DAS GANZ ALLEIN UNZÄHLIGE MÖGLICHKEITEN KREIEREN KANN!

ER IST EBEN EIN AUSNAHME-SPIELER!
SCHEIS-SEEE!
ICH NEHM AUCH EIN FOUL IN KAUF!
HMPF.
SIEHT AUS, ALS HÄTTEST DU …
… WENIGSTENS GELERNT, WIE DU DEINE AUGEN AUF DEM SPIELFELD EINSETZT.
SCHWUPP
AH!
ABER SO EIN NACHLÄSSIGER FUSSBALL …
SCHRRP

... BRINGT MEIN HERZ NICHT ZUM TANZEN.

ERNST-HAFT, …
TOR!
Team Rot
Team Weiß
1 - 1
… WIE SOLL MAN SO WAS DENN VERHINDERN?

NA JA, ...
... STOPPEN KONNTE ICH IHN ZWAR NICHT, ...
... ABER ICH KOMME NÄHER!
IN UNSEREM LETZTEN SPIEL WUSSTE ICH NICHT MAL, WARUM WIR VERLOREN HABEN.
ABER JETZT ...
... BEGREIFE ICH DEN SINN HINTER RINS BEWEGUNGEN.
WENN ICH IHN VER-SCHLINGE, ...
... KANN ICH GE-WINNEN!

WENN ICH IHN VER-SCHLINGE, ...
... KANN ICH GEWINNEN!
Team Rot 1 - 1 Team Weiß
Kapitel 75: Wilder Tanz
DENK NACH!
WIE KANN ICH RIN SCHLAGEN ...
... UND DIE KONTROLLE ÜBER DAS SPIELFELD AN MICH REISSEN?!
SCH... SCHÖ-NES TOR!
FÜR DEN EIN-GESPRUN-GENEN SCHUSS ...
... GEBE ICH DIR EINEN STYLE-STERN.

ERNST-HAFT?
RIN IST SO UNFASSBAR GUT.
WIE SOLLEN WIR DEN AUFHALTEN?
SORRY.
ICH KONNTE IHN AUCH ÜBERHAUPT NICHT STOPPEN.
ABER WO HOLT ER SOLCHE AKTIONEN HER?
DENKT ER IN ANDEREN DIMENSIONEN ALS WIR?
WAS?
NEIN.
DAS IST ABSOLUT ERKLÄRBAR.
IN DEM SPIELZUG EBEN HAT RIN SICH SO POSITIONIERT, DASS ER DEN BALL INNERHALB SEINER SCHUSSREICHWEITE BEKOMMT.
RUCK
DARUM SIND WIR IMMER EINEN SCHRITT HINTERHERGEHINKT.

ER SIEHT DIE ZUKUNFT DES SPIELFELDS MEHRERE SCHRITTE IM VORAUS, …
… BRINGT UNS DAZU, DAS DENKEN EINZUSTELLEN UND LOCKT UNS.
ICH DENKE, DAS IST RINS GRUNDLEGENDE SPIELWEISE.
SHIT.
OB MEIN HIRN DA MITHALTEN KANN?
ABER …
… HÖR MAL, YOICHI.
DASS DU UNS RINS AKTIONEN SO MIR NICHTS, DIR NICHTS ERKLÄREN KANNST, …
… MACHT DICH AUCH ZU EINEM ZIEMLICH KRASSEN SPIELER.
HÄ?
OH …
ACH SO.
DAS IST ALSO NICHTS, WAS ALLEN SOFORT KLAR WÄRE.

HEISST DAS, ICH BIN MOMENTAN DER EINZIGE AUF DEM FELD, ...
... DER RINS GEDANKENGÄNGE NACHVOLLZIEHEN KANN?!
WENN JA, DANN KÖNNEN ALLEIN MEINE AUGEN ...
... UND MEIN VERSTAND IHN AUFHALTEN!
ES STEHT ERST 1:1.
LOS, IHR LAPPEN!
JA.
UNSERE OFFENSIVE FUNKTIONIERT.
GEGEN...
...ANGRIFF.

LEGEN WIR LOS.
ANSTOSS!
OKAY!
HYOMA CHIGIRI
TMP
VS.
SCHRRP
JYUBEI ARYU
BEI UNSEREM ANGRIFF ÜBER RECHTS MIT HYOMA …
BLEIBEN GEGEN JYUBEI MIT SEINER LANGEN REICHWEITE DIE MÖGLICHKEITEN „DURCHBRECHEN“ ODER „PASSEN“!
GUCK
ABER …

... RIN HAT SICH EXAKT SO POSITIONIERT, ...
... DASS ER AUF JEDE VON HYOMAS ENTSCHEIDUNGEN REAGIEREN KANN.
AH!
DOCH DADURCH IST SEISHIRO FREI!
MEGURU ALLEIN KANN UNS NICHT BEIDE DECKEN!
GUCK
TAPP TAPP
JETZT!
ALLE ACHTEN AUF SEISHIRO.

IN GENAU DIESEM MOMENT ...
... STOSSE ICH AUS DEM TOTEN WINKEL HERAUS IN DEN RÜCKRAUM!
NIMM MICH WAHR, HYOMA!
PASS ZU MIR!
SCHÖN!
DOSCH
GENAU RICHT...!

?!
IST DAS SEIN ERNST?!
RIN?!
ER HAT MEINE BEWEGUNG ABSEITS DES BALLS ...
... PERFEKT VORHERGE-SEHEN?!

DOMP
SHIT!
DAS HEISST ALSO, ...
... ER BEZIEHT AUCH MEINE BEWEGUNGEN IN SEINE ÜBERLEGUNGEN MIT EIN?
NEIN ... SEISHIRO UND MEGURU KONNTEN IHN ÜBERLISTEN!
UNSERE SICHT AUF DAS SPIELFELD MÜSSTE DIE GLEICHE SEIN!
ABER RIN GELANGT EINEN SCHRITT SCHNELLER ALS ICH ...
... ZU SEINER VORAUS-SAGE!
ICH BIN IMMER NOCH ...
... EINEN TICK ZU LANGSAM!

WAPP
WAPP
DAS LASS ICH NICHT ZU.
DU FÄLLST ZU SEHR AUF, BENGEL.
DAPP
!
OH!
TMP
DU HAST JA ZU MIR GEPASST, RIN!
BRING DEN BALL ...
... VORS TOR.

SHIT.
JA, SIR! ZU BEFEHL! ♪
TSS!
MEGURU BACHIRA
ZURÜCK! SIE KONTERN!
DU HAST EIN LEVEL ERREICHT, AUF DEM DU DICH TATSÄCHLICH MIT RIN MESSEN KANNST.
WAHNSINN, YOICHI.
NOCH MEHR SPASS HABEN …
!
WIE GEMEIN. LASST MICH AUCH MITMISCHEN.
ICH KANN …
UND DEM SPIEL NOCH MEHR …
… AUCH NOCH MEHR!

DO
MM
… MEINEN STEMPEL AUF-DRÜCKEN!
ÜBERRA-SCHUNG!
ER SCHIESST VON HIER?!
NEIN … DAS SIND DOCH ÜBER 60 METER!
SCHWEB
ER BALL AT RÜCK-WÄRTS-DRALL …
!

?!
Team Rot
Team Weiß
1 - 1
EIN SUPERLANGER PASS MIT LANGER FLUGDAUER, ...
... DER ÜBER DEN BODEN FEGT UND DABEI HOCHSTEIGT?!
ABER DER PASS ...
... GEHT NICHT AUF RIN!
MEGURUS ZIEL ...
... IST ...

... JYUBEI!
JYUBEI ARYU
EINE UNFASSBAR SAUBERE SENKRECHTE ROTATION.
WUNDER-SCHÖN.
TJA, ...
... ABER ...
HYOMA CHIGIRI
... HYOMA HOLT IHN MIT SEINEM TEMPO EIN!
WAP
ICH MACH DICH PLATT, DU STILIKONE!

UND ICH BIN JA AUCH NOCH DA.
SEISHIRO NAGI
SEISHIRO GEHT EBENFALLS VORS TOR ZURÜCK!
GUT!
ER KANN GRÖSSEN-TECHNISCH MITHALTEN ...
... UND HYOMA WIRD VOR JYUBEI AM LANDEPUNKT ANKOMMEN!
DIESER PASS ...
... WIRD NICHT DURCH-GEHEN!
ICH HOFFE, DU MERKST ES, JYU-BEI.
NIMM DIESEN PASS ...

... NICHT ALS PUNKT, ...
... SONDERN ALS LINIE WAR.
?!
ACH SO.
DIESE „PARABEL" ...
... IST EIN SIGNAL, DASS WIR DEN BALL VERLIEREN, WENN ICH WARTE, BIS ER RUNTERKOMMT.
DESHALB MUSS ICH ...
GNN GNN
... DEN BALL ...
... AN EINEM PUNKT ...

... IN DER LUFT ABFANGEN, ...
... DEN NUR ICH ERREICHEN KANN!
?!
ER SPRINGT JETZT SCHON?!
ERNST-HAFT?
MIST!
DIE TOP DREI, DIE BISHER JEDER FÜR SICH GEKÄMPFT HABEN, ...
... FANGEN AN, ZUSAMMEN-ZUSPIELEN!
ICH TANZE ...
... WIE WILD.

Die chemische Reaktion
...
... Jyubei x Meguru!

TOR!
TAP
!
HM?
TROPF
ICH DACHTE, WENN WIR RIN AUFHALTEN, KÖNNEN WIR GEWINNEN, ...
... ABER MEGURU BESCHLEUNIGT MIT SEINEN IDEEN DEN FORTLAUF DES SPIELS.

DAS HIER IST DAS ENTSCHEI-DUNGSSPIEL!
FWIPP
ICH DANKE DIR, MEGURU.
DEINE PÄSSE FÜHREN MICH IN UNVORHER-GESEHENE STILHÖHEN.
Team Weiß
Team Rot
2-1
DANKE AUCH. ♪
WAS ...
... FÜR EIN SPIEL!

Kapitel 76: Kein Zurück mehr
DAS IST ...
... EIN WAHNSINNSMATCH.
YOICHI UND RIN LIEFERN SICH EINEN SCHLAGABTAUSCH ...
... UM DIE FÜHRENDE ROLLE AUF DEM SPIELFELD.
UND OBWOHL WIR MIT RIN ALLEIN ...
... OHNEHIN SCHON UNSERE LIEBE MÜHE HABEN, ...

... LÖSEN MEGURUS IDEEN ...
... BEI DEN TOP-DREI AUCH NOCH CHEMISCHE REAKTIONEN AUS!
BLUTUNG GESTILLT.
REIB REIB
HA HA ... SPIEL GEDREHT!
HA!
NACH-LÄSSIG.
HMPF. JETZT SIND SIE NICHT MEHR BLOSS EIN HAUFEN INDIVIDUALIS-TEN.
DIE SIND WIRKLICH STARK.
ACH, MANN ...

ICH WILL SIE PLATTMACHEN.
„DU BIST WITZIG!"
„ALSO GUT, DU MUSST NICHT HART ARBEITEN!"
DASS ICH JETZT DIESE LEIDENSCHAFT SPÜREN KANN, ...
„SPIELEN WIR FUSSBALL!"
... LIEGT DARAN, DASS REO MICH DAMALS EINGELADEN HAT.
HEY, REO.
„DU HAST DICH VERÄNDERT."
VERMUTLICH HAST DU RECHT.

SEIT ICH ZU BLUE LOCK GEKOMMEN BIN, ...
... HABE ICH GELERNT, WIE SICH NIEDERLAGEN ANFÜHLEN, ...
... UND MICH DADURCH VERÄNDERT.
ABER ... ICH WILL NOCH STÄRKER WERDEN.
„DU BIST LÄSTIG, REO."
TUT MIR LEID, REO.
DASS ICH NICHT BEI DIR BIN.
DMP
DASS ICH DICH ZURÜCKGELASSEN UND MICH VERÄNDERT HABE.

SEISHIRO.
KNIEN WIR UNS REIN.
!
LASS SIE UNS VERSCHLINGEN UND ZERQUETSCHEN.
DASS ICH MIT YOICHI ZUSAMMEN KÄMPFE.
JA.
ICH HOFFE, ...
... DU VERZEIHST MIR.
DAPP
ANSTOSS!

HYOMA CHIGIRI
TMP
VS.
JYUBEI ARYU
ICH STOPPE DICH.
SO OFT WIE NÖTIG.
UND LOS.
SO OFT WIE NÖTIG.
HEY, HYOMA!
PASS ZU MIR!
!
WAPP
UOH!
ICH SAG DOCH, ZWECKLOS!
ARGH!
VERSCHWINDE!

!
TAPP
SCHRRT
GUCK GUCK
YOICHI LAUERT IMMER ...
... AUF EINEN PASS VON HYOMA.
ER BEWEGT SICH IN SEINER NÄHE HIN UND HER UND WÄHREND ER SHOEI ALS KÖDER BENUTZT, ...
... VERSUCHT ER, SICH FÜR EINEN VOLLEY ZU POSITIO-NIEREN, AN DEN SELBST RIN NICHT RANKOMMT.
ABER ...
... DAS WEISS DER NATÜRLICH AUCH.
EHRLICH GESAGT HAB ICH KEINE AHNUNG, WAS DIE BEIDEN SEHEN, ...
... ABER VERMUTLICH ...

DEN LETZTEN, ENTSCHEIDENDEN ZUG KANN YOICHI NICHT MACHEN.

IN DEM FALL ...
... WERDE ICH ZUM FEHLENDEN PUZZLETEIL!
?!
?!
DIE ZUKUNFT DES FELDES, ...
... DIE IHR EUCH AUSGEMALT HABT ...
LOS!

ICH ZERSCHNEIDE SIE!
DANN REAGIERT MAL DARAUF!
ICH BIN NICHT SO EIN MENSCH, ...
... DER SICH EINFACH IN EURE VISION EINFÜGT!
SEI-SHIRO!
KOMM, HYOMA!

WHUCK
PASS ...
... ZU MIR!
!
FWOSCH
RIN REAGIERT SCHNELL!
ER UND SEIN TIMING WIEDER.
!
DANN LASS ICH IHN EBEN DURCH!
LOS, ...
... YOICHI.
FWIPP

SCHREIBE ...
... FÜR MEIN TOR ...
ERFASSE DIE SITUATION!
... DIE ZUKUNFT DES SPIELFELDES
... INNERHALB EINES AUGENBLICKS UM!

FWOCK
PERFEKT.
DER KOMMT DURCH! GENAU IN RINS RÜCK...
?!
WAS?! RIN?!
SELBST AN DIESEN PUNKT-GENAUEN PASS ...
... KOMMT ER NOCH GERADE SO DRAN?!
DANN ...
... WERDE ICH ...

... SCHIESSEN.
ZWIPP

?!
DACHTEST DU WOHL!
DAS IST ...

...MEINE ZWEISTUFIGE ...
...VOLLEY-FINTE!

SCHAUDER!
GÖTTLICH.
WIE ICH DACHTE. MIT YOICHI ...
... KANN ICH SO STARK WERDEN, WIE ICH WILL.
SORRY, REO.
TOR!
ICH KANN NICHT MEHR ZU DEM ICH ZURÜCK, ...
... DAS DIESES HOCHGEFÜHL NICHT KANNTE!

WAS ...
... WAR DAS DENN ?!
SUPER-STIL-VOLL.
ABSO-LUT.
HA HA.
SIE HABEN DICH AUS-GESPIELT, RIN.
FINDEST DU SIE IMMER NOCH NACHLÄSSIG?
...
KLAPPE, PAGEN-SCHNITT.
SELBST ICH ...

Team Rot
Team Weiß
2 - 2
SEI-SHIRO!
KLASSE TOR!
ER HAT NUR AUSGE-GLICHEN.
HMPF!
DAS NÄCHSTE IST ABER MEINS!
GESCHAFFT!
WIR HABEN RIN ZUM ERSTEN MAL GESCHLAGEN!
... WERDE HEISS, WENN ICH SAUER BIN.
MIT SEISHIRO ZUSAMMEN ...
... BIN ICH IHM EBEN-BÜRTIG!
ABER ...

... SO KANN ICH NICHT DER BESTE STÜRMER DER WELT WERDEN!
ICH WILL OHNE HILFE ...
... GEGEN RIN GEWINNEN!
GUT SO. ♪
VON JETZT AN ...
... IST ES EIN RAUSCHENDES FEST DER MONSTER.

Fortsetzung folgt ...

Die jeweiligen Dreierteams, Teil 2
ICH MUSS ...
... GUT ÜBERLEGEN, MIT WEM ICH MICH ZUSAMMENTUE.
Matching-Bereich für Drei-Mann-Teams
IKKI NIKO
ES WÄRE KLUG, JUNGS MIT WAFFEN ZU SUCHEN, DIE ICH NICHT HABE.
SOLCHE, DIE ...
... ZU GEBRAUCHEN SIND.
!
AH ...
DA IST EIN SEHR SCHNELLER UND SEHR DUMMER ...
HM?
ZANTETSU TSURUGI
ZAN-TETSU.
HAST DU SCHON EIN TEAM?
NA JA, ...
... ICH WARTE AUF SEISHIRO UND REO.

DER WÄRE EINE OPTION.
VIEL-LEICHT ...
... SIND DIE ZWEI JA SCHON VORAUSGE-GANGEN.
DAS KLINGT DURCHAUS LOGISCH.
SST
MURMEL MURMEL
MANN, DANN BIN ICH WIEDER BEI NULL ...
AN DIE MÖGLICHKEIT HAT ER DEFINITIV NICHT GEDACHT.
?!
...
HÖR MAL, ...
... WILLST DU DICH DANN NICHT MIT MIR ZUSAMMENTUN?
...
WELCHE VERTEILER HÄTTE ICH DAVON?
DU MEINST „VORTEILE"?
GENAU.
ICH KÖNNTE DICH ...
... BESSER EINSETZEN ALS JEDER ANDERE.
!
DER TYP MIT DEM PONY
WILL MICH IDIOTEN EINSETZEN.

LOS, ZANTETSU!
MISSION ERFÜLLT!
VOLLPROFI!
ICH …
… MACHE NICHT VIELE FEHLER!
ICH WÜRDE NICHT ALS IDIOT ENTLARVT WERDEN UND GUT DASTEHEN!
ALSO SCHÖN.
MAN SAGT JA: „GESTERN EIN FREUND, HEUTE EIN FREUND."
ES HEISST „GESTERN EIN FEIND".
WIR SIND JA SCHLIESSLICH KEINE BFFS.
ER IST WIRKLICH EIN IDIOT.
ALSO?
WEN NEHMEN WIR ALS DRITTES?
TSURUGI X NIKO: TEAM GEBILDET!
ALS DRITTES …
… HÄTTE ICH GERNE JEMANDEN, DER HALBWEGS INTELLIGENT IST.

◉ Story	Muneyuki Kaneshiro	
◉ Artwork	Yusuke Nomura	
◉ Assistenten	Aratama	Ayazuka
	Takaniwa	Hara
	Otake	Muto
	Harada	Sannomiya
	Kawai	Tsuzurahara
	Aoi	(zufällige Reihenfolge)
◉ Design	Kumochi Osoko (hive)	

Hinter meinem Schreibtisch ist ein riesiges Fenster, weshalb es extrem kalt werden kann. Folglich ist bei der Arbeit am Manga eine Bauchbinde unerlässlich. Vielen Dank, dass du Band 9 gekauft hast!

Vorschau
Egal, ob Freund oder Feind, ...
... auf dem Feld sind alle Rin Itoshis Marionetten!

EINE NEBENFIGUR WIE DU ...
... WIRD MICH ...
... NIEMALS LESEN KÖNNEN!
SCHWIERIG-KEITSGRAD: HÖLLISCH!
LECKER SCHME-CKER
DEN DURCHBRUCH GEGEN RIN ERZIELT AUSGERECHNET DER UNKONTROLLIERBARE SHOEI?!
BLUE LOCK 10

BLUE LOCK

BLUE LOCK

KODANSHA

BLUE LOCK

First published in Japan in 2020 by Kodansha Ltd., Tokyo.
Publication rights for this German edition arranged through
Kodansha Ltd., Tokyo.

Deutschsprachige Ausgabe / German Edition

CH-1007 Lausanne

Verlegt unter dem Label KAZÉ MANGA
durch Crunchyroll SA

Aus dem Japanischen von Markus Lange

Redaktion: Katharina Altreuther
Herstellung: Sonja Lesch
Deutsche Logo- und Covergestaltung: Jessy Knipprath
Lettering: Paolo Gattone, Chiara Antonelli
Druck und Bindung: GGP Media GmbH, Pößneck

ISBN 978-2-88951-465-6

ACTION

BEASTARS

KAZÉ MANGA

Eine Gesellschaft, die dich frisst

Paru Itagaki

Es ist ein brüchiger Frieden, der das Zusammenleben von Fleisch- und Pflanzenfressern ermöglicht, und besonders Grauwolf Legoshi spürt immer wieder, wie seine pflanzenfressenden Mitschüler ihm mit Angst begegnen. Dabei steckt hinter seinen scharfen Klauen und dem furchteinflößenden Aussehen ein sensibler Kerl. Als jedoch sein Alpaka-Freund Tem auf brutalste Art und Weise ermordet wird, drohen Misstrauen und Vorurteile in Hass umzuschlagen …

www.kaze-online.de Kaze.Deutschland KazeDeutschland